공부 천재가 되다 2

전과목 따라잡기

Team. StoryG

공부 천재가 되다! 2

I 국어

01 책 읽는 속도가 너무 느려 ······ 4
 - 읽기 실력, 고전 속에 답이 있다? ······ 14

02 교과서가 너무 복잡해 ······ 16
 - 이것만 알면 교과서가 쉬워져요! ······ 28

03 어떤 게 중요한 내용인지 모르겠어 ······ 30
 - 핵심만 쏙쏙! 이야기 간추리기! ······ 42

04 글쓰기가 너무 어려워 ······ 44
 - 글쓰기가 쉬워지는 비법! ······ 54

II 수학

01 계산이 안 돼 ······ 56
 - 기호는 어디에서 왔을까? ······ 68
 - 내 생일을 맞혀 봐! ······ 69

02 단위가 헷갈려 ······ 70
 - 1m는 누가 정했을까? ······ 80

03 도형만 보면 머리가 아파 ······ 82
 - 도전! 삼각형을 찾아라! ······ 94

Ⅲ 사회

01 역사는 지루하고 재미없어 ··········· 96
   - 팔도의 달인 ······················ 107

02 지도가 머릿속에 안 그려져 ········· 108
   - 우리가 사는 지구는 이렇게 생겼어! ··· 118

03 배우는 양이 너무 많아 ············· 120
   - 암기가 쉬워지는 마인드맵 ········· 132

Ⅳ 과학

01 용어가 너무 어려워 ··············· 134
   - 놀면서 배우는 과학 용어 ·········· 146

02 원리를 이해 못 하겠어 ············· 148
   - 생활 속 숨은 과학을 찾아서! ······ 158

Ⅴ 영어

01 도무지 단어를 못 외우겠어 ········ 160
   - 뿌리로 익히는 영단어 ············ 170

02 영어로는 한 마디도 못 하겠어 ····· 172
   - 회화가 쉬워지는 패턴 20 ········· 184

03 이건 어떻게 읽어야 하는 거야? ···· 186

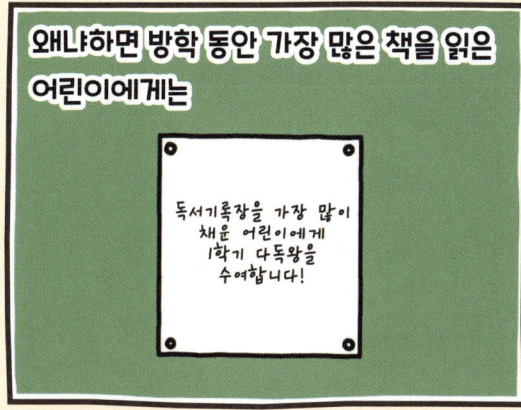

»

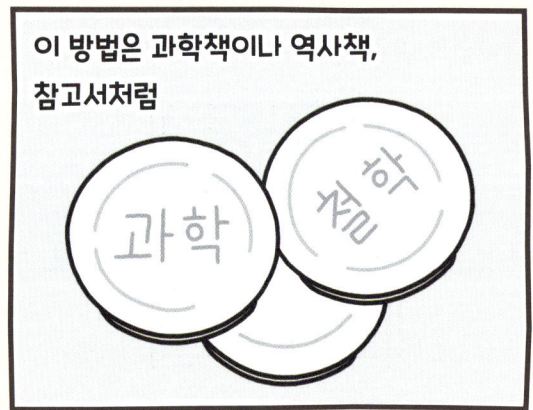

고전, 왜 중요할까?

듣기만 해도 지루하고 하품이 쏟아질 것만 같은 고전! 하지만 고전이 고리타분하다는 건 편견일 뿐이에요. 사실 고전 속에는 우리가 살아 보지 못한 새로운 세상의 모습과 삶의 방식이 담겨 있거든요. 『햄릿』을 통해 중세 유럽의 왕실 사회를 경험할 수도 있고, 『젊은 베르테르의 슬픔』을 읽으며 18세기 유럽 사람들의 사랑 방식을 엿볼 수 있으며, 이상의 「날개」를 통해 식민지 시기 비극적인 우리 민족의 삶을 더욱 생생하게 마주해 볼 수도 있죠.

다양한 해석과 결론

또한 고전 속에는 내가 고민하는 문제에 대한 답이 숨어 있어요. 그 시대에 살았던 작가, 작품 속 다양한 인물, 그리고 그 책을 읽은 수많은 사람들까지! 한 가지 주제에 대해 저마다 다른 해석과 결론을 내리기 때문에 지금까지 생각하지 못했던 방향으로 고민해 보게 되거나, 자기 생각을 더 완성할 수 있죠. 이렇게 재미있는 고전! 그렇다면 어디서부터, 어떻게 읽어야 하는지 함께 알아볼까요?

학년별 고전 읽기 가이드

1~2학년이라면

짧고 재미있는 고전부터 읽어 보세요. 교과서와 글자 크기가 비슷하고, 예쁜 그림이 많이 들어 있는 책을 고르면 읽는 과정이 더욱 즐거워질 거예요. 힘들고 귀찮더라도 소리 내서 읽어 볼까요? 그럼 발음이 더욱 정확해지고, 발표력도 좋아지며, 끊어 읽기도 어려움 없이 잘하게 될 거예요.

어려운 단어가 나타났을 때

어려운 단어가 나타났다고요? 두려워하지 마세요! 동그라미를 친 후 부모님과 함께 이야기를 나누다 보면 금세 이해할 수 있을 테니까요. 마음에 드는 문장이나 중요하다고 생각하는 곳에 밑줄을 그으면 나중에 다시 보고 그때의 감동을 다시 느낄 수도 있답니다.

1~2학년 추천작

1. 아낌없이 주는 나무
2. 책 먹는 여우
3. 샬롯의 거미줄
4. 꽃들에게 희망을
5. 호두까기 인형

3~4학년이라면

용감무쌍한 주인공이나 심술쟁이에 제멋대로인 장난꾸러기 주인공이 등장하는 책을 읽어 볼까요? 어쩌면 멋진 영웅들의 삶을 통해 교훈을 얻을 수도 있을 거예요. '주인공에게 편지 쓰기', '주인공 칭찬하기', '주인공과의 가상 인터뷰' 같은 독후 활동을 한다면 인물에 대해 더 깊이 이해할 수 있겠죠?

함께 읽으면 더 재밌어!

마음에 맞는 친구 서너 명을 모아 일주일에 한 번씩 고전을 읽는 시간을 갖는 것도 좋은 방법이에요. 다 같이 모여 책을 읽고 서로의 생각이나 느낌을 주고받다 보면 나의 의견뿐 아니라 다른 사람의 생각도 존중할 수 있게 된답니다.

3~4학년 추천작

1. 키다리 아저씨
2. 장발장
3. 파브르 곤충기
4. 홍길동전
5. 소나기

5~6학년이라면

한발 더 나아가 세계를 확장해 봐도 좋아요! 재미있게 읽은 고전이 있다면, 그 저자가 쓴 다른 책을 읽어 보세요. 하나의 작품에는 작가의 성향, 생각, 가치관이 담겨 있기 때문에 한 사람이 쓴 여러 권의 책을 읽게 되면 작가의 생애와 시대적, 공간적 배경에 대해서도 배울 수 있답니다.

마음에 드는 구절 기록하기

친구들과 함께 고전을 읽은 뒤 독서 퀴즈를 즐겨 보세요! 퀴즈를 내기 위해서는 고전의 내용을 충분히 이해하고 있어야 하므로, 문제를 내고 맞히는 과정을 통해 사고력이 깊어져요. 책을 읽으며 중요한 곳, 감동적인 곳, 멋진 표현이 나온 곳 등에 밑줄을 긋고 따로 공책을 만들어 밑줄 친 구절을 기록하는 것도 재미있겠죠?

5~6학년 추천작

1. 삼국유사
2. 톨스토이 단편선
3. 비밀의 화원
4. 이상한 나라의 앨리스
5. 셰익스피어 4대 비극

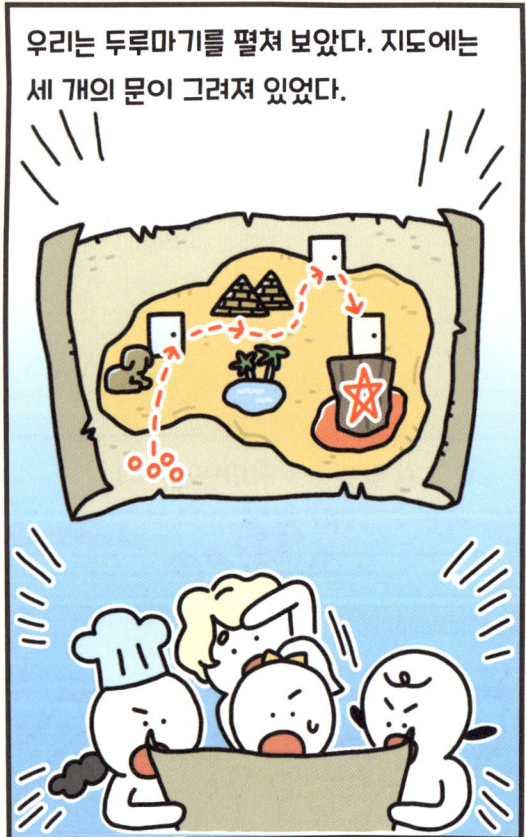

학습도구어란?

교과서에 자주 등장하는 필수 어휘를 '학습도구어'라고 불러요. 익혀 두면 아주 효율적인 학습의 도구가 되어 주기 때문이죠. 게임을 할 때도 아이템이 많으면 유리한 것처럼, 학습도구어도 많이 갖추고 있을수록 공부가 수월해지거든요! 교과서 속 단어가 헷갈리거나, 단어를 제대로 이해하지 못해서 공부하기 어려웠다면 아래 학습도구어를 익혀 보세요. 교과서나 책을 읽는 일이 훨씬 쉽고 재미있어질 거예요.

학년별 학습도구어 모음집

3~4학년 학습도구어

간추리다, 관련있다, 구별, 구분, 기록, 까닭, 내용, 느낌, 다양하다, 달라지다, 도구, 되돌아보다, 무게, 문제 해결, 물질, 바꾸다, 바탕, 발달, 범위, 변화, 불가능, 비추다, 사례, 성질, 실천, 실험, 어떠하다, 역할, 음력, 이용, 작성, 적절하다, 제안, 조사, 짜임새, 차이점, 촌락, 추리, 태도, 토의, 특징, 파악, 판단, 필요, 화석

> 모르는 어휘는 따로 표시해 두고 공부하자!

5~6학년 학습도구어

결과, 고려, 관용구, 구별, 구조, 글의짜임, 기준, 기후, 단서, 대부분, 대상, 떠오르다, 모서리, 묶다, 미래, 바람직하다, 반대, 반면, 방식, 부분, 분석, 보고서, 보존, 불가능, 상황, 선사 시대, 설명, 수단, 순서, 식생활, 어림, 연결, 연구, 영토, 영향, 예상, 요소, 요약, 움직임, 의견, 의미, 의생활, 이용, 입자, 입체, 적절하다, 전시, 점검, 주제, 짐작, 참고, 참여, 추측, 측정, 크기, 탐구, 평균, 표면, 형태, 효과적

Ⅰ 국어
03 어떤 게 중요한 내용인지 모르겠어

나는 퇴마사다.

퇴마 부적에 한자를 써서

귀신에게 날리면~

단번에 퇴마가 된다!
으으윽...

그런데... 오늘 이상한 일이 벌어졌다.
...어어?

퇴마 부적을 날려도 귀신이 사라지지 않는 것이다!
뭐야? 짜증 나게...

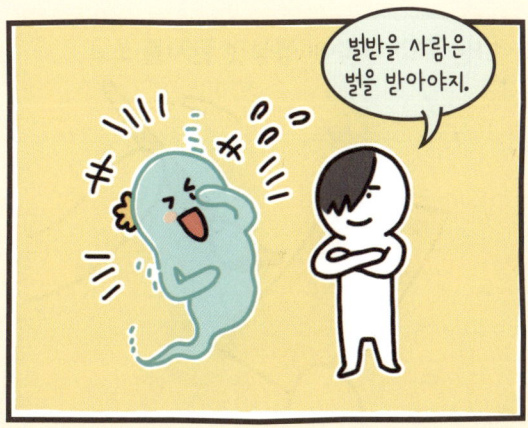

핵심만 쏙쏙! 이야기 간추리기!

줄거리를 간단히 설명하는 방법은?

재미있게 전달하는 방법을 알아보자!

이야기 간추리기

어제 본 영화의 내용을 친구가 물어봤을 때! 방금 읽은 만화의 줄거리를 간단히 설명하고 싶을 때! 내가 느낀 만큼 재미있고 흥미진진하게 전달하고 싶은데 잘 안됐다면 이제 걱정하지 마세요. 이야기를 간추리는 방법만 알고 있으면 문제없으니까요!

1단계 사건의 흐름 살펴보기

이야기는 작은 사건들로 이루어져 있어요. 따라서 어떤 사건들이 벌어졌는지 살펴보면 전체 이야기를 파악하는 데 도움이 된답니다.

- **누가** 이야기의 주인공은 누구일까요?
- **언제, 어디서** 이야기의 시간적, 공간적 배경은 언제이며 이를 통해 무엇을 알 수 있을까요?
- **무엇을** 이야기 속에서 인물은 어떤 행동을 했나요?
- **어떻게** 어떻게 하면 문제를 해결할 수 있을까요?
- **왜** 왜 이런 일이 일어났을까요?
- **만약** 만약 자신이라면 어떻게 했을까요?

- **발단** 이야기의 사건이 시작되는 부분
- **전개** 사건이 본격적으로 발생하고 갈등이 일어나는 부분
- **절정** 사건 속의 갈등이 커지면서 긴장감이 가장 높아지는 부분
- **결말** 사건이 해결되는 부분

발단 전개 절정 결말

2단계 이야기의 구조 파악하기

모든 이야기는 벽돌로 만든 집처럼 일정한 구조로 이루어져 있어요. 그렇다면 이야기는 무엇으로 이루어져 있는지 살펴볼까요?

3단계  이야기 요약하기

이야기의 구조를 파악했다면 이제 이야기를 요약해 볼까요?

> 빨간색은 중요한 사건 파란색과 초록색은 각각 연결된 사건 가로선은 중요하지 않은 내용을 의미해!

어떻게 요약하나요?

① 중요한 사건을 찾아보세요.

② 사건이 일어난 원인과 그에 따른 결과를 생각해 보세요.

③ 이야기 흐름에서 중요하지 않은 내용은 지워 보세요.

④ 관련이 있는 사건들은 하나로 묶어 보세요.

> 차근차근 해 보면 어렵지 않아~

흥부 놀부 예시 — 줄거리

아우 흥부는 착하고 심성이 어질지만 형 놀부는 심술이 고약하고 욕심 많다. 놀부는 부모가 남긴 유산을 죄다 독차지하고 ~~흥부를 집에서 내쫓는다. 배가 고파진 흥부네 가족은 쌀을 구걸하러 놀부를 찾아가지만 매만 맞고 돌아온다.~~ 그러던 어느 날, 흥부는 구렁이의 공격을 받아 다리가 부러진 제비를 발견하고 정성껏 치료해 준다. 강남으로 날아갔던 제비는 이듬해 다시 찾아와 흥부에게 선물로 박씨 하나를 준다. 열심히 박을 키운 흥부가 박을 타자 그 속에서 금은보화가 쏟아져 나온다. 흥부가 큰 부자가 되었다는 소식을 들은 놀부는 살아 있는 제비 다리를 일부러 부러뜨린 후 치료해 준다. 얼마 뒤 놀부도 박을 탔지만 금이 아닌 도깨비가 튀어나온다. 놀부가 도깨비에게 재산을 빼앗겼다는 소식을 듣고 흥부가 찾아온다. 흥부는 가진 재산을 나누어 주고, 흥부의 마음씨에 감동한 놀부는 잘못을 뉘우친다.

흥부 놀부 예시 — 요약

- **발단**: 형 놀부가 동생 흥부네 가족을 내쫓음
- **전개**: 흥부가 제비 다리를 고쳐 주고 박씨를 얻음
- **절정**: 박에서 금은보화가 쏟아져 나오자 이를 들은 놀부가 제비 다리를 일부러 부러뜨리고 박을 타지만 금이 아닌 도깨비가 튀어나옴
- **결말**: 흥부는 자신이 가진 재산을 나누어 주고 놀부는 흥부의 착한 심성에 감동받아 잘못을 뉘우침

> 오호라~ 이런 이야기였구나.

4단계 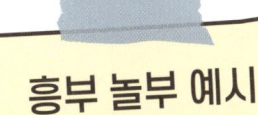 요약한 내용을 떠올리며 다시 감상하기

요약한 내용을 머릿속으로 떠올리면서 책이나 영화를 다시 감상해 보세요! 이야기의 내용이 훨씬 더 이해가 잘될 거예요. 정리된 내용을 바탕으로 친구나 부모님께 설명해 주면 더욱 좋겠죠?

Ⅰ 국어
04 글쓰기가 너무 어려워

"나비야~ 나비가 대체 어디로 갔지?"

나비는 원래 말썽꾸러기였지만

"나비야!! 나... 허엌!!"

요즘 들어 그 정도가 심해졌다.

"나비 너 당장 이리 안 나와?!"

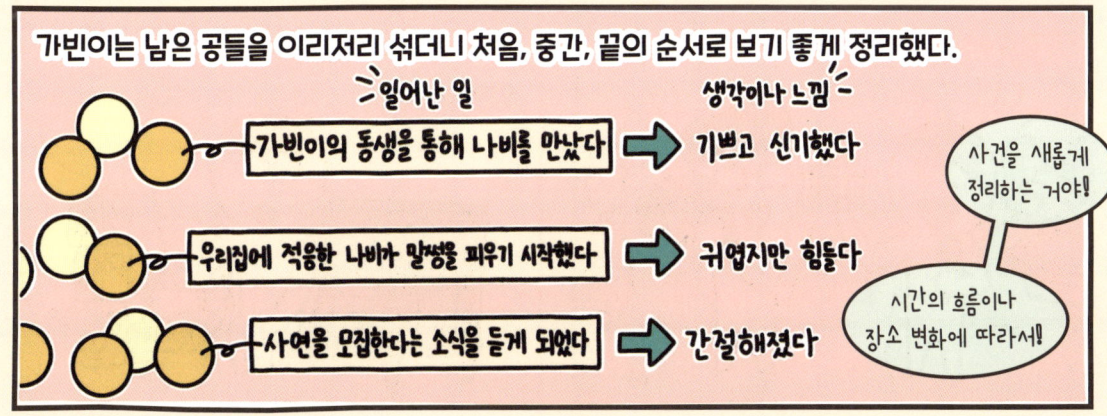

'잘 쓴 글'이란?

어떤 글이 '잘 쓴 글'일까요? 길게 쓴 글? 꾸며 주는 말이 많은 글? 정답은 쉽고 재미있게 읽히는 글입니다. 이런 글을 쓰고 싶다면 딱 한 가지 방법만 알면 돼요. 내가 하고 싶은 이야기를 잘 정리하는 것이죠. 어떻게 하면 내 생각을 글 속에 잘 녹여 낼 수 있을지 함께 배워 보아요!

STEP 1 내용 떠올리기

요리를 하려면 재료가 필요하듯 글을 쓰기 위해서는 글감이 필요해요. 떠오르는 생각이나 경험했던 일들을 하나씩 적어 보세요. 단! 비슷한 경험을 했다면 하나의 주제로 묶는 것이 좋습니다.

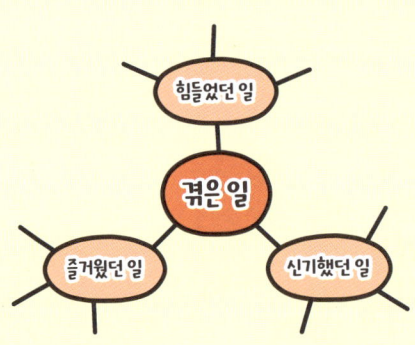

긴 글 짧은 글 모두 자세히 들여다 보면 삼등분으로 이루어져 있어요. 머리-가슴-배로 이루어져 있는 개미처럼요! 쓰고 싶은 내용을 떠올렸다면, 그 이야기를 크게 세 가지 사건으로 나누어 봅시다. 처음, 중간, 끝을 잘 생각하며 정리하면 글쓰기에 더욱 편리하겠죠?

STEP2 이야기를 삼등분으로 나누기

	일어난 일
처음	
가운데	
끝	

그때 느꼈던 생각과 감정을 떠올려 볼까?

STEP3 생각이나 느낌 덧붙이기

새하얀 케이크를 보면 어떤 생각이 드나요? 딸기나 초콜릿, 귀여운 장식들로 마구 꾸며 주고 싶지 않나요? 글도 똑같이 대해 주세요! 일어난 일들만 단순하게 나열하면 재미없고 심심한 글이 되어 버리니까요. 그때 어떤 생각을 했고 또 어떤 느낌이 들었는지 함께 적어 주면 더욱 실감 나는 글이 완성된답니다.

STEP4 글로 표현하기

재료가 모두 준비되었다면 이제 글을 써 볼 차례예요! 맞춤법과 띄어쓰기에 유의하며 한 자, 한 자 써 내려가 보세요. 쓴 글을 다시 읽으며 어색한 부분을 고치다 보면 어느새 멋진 글을 완성할 수 있을 거예요.

재료가 준비되었다면 이제 글을 써 볼 차례!

Ⅱ 수학
01 계산이 안 돼

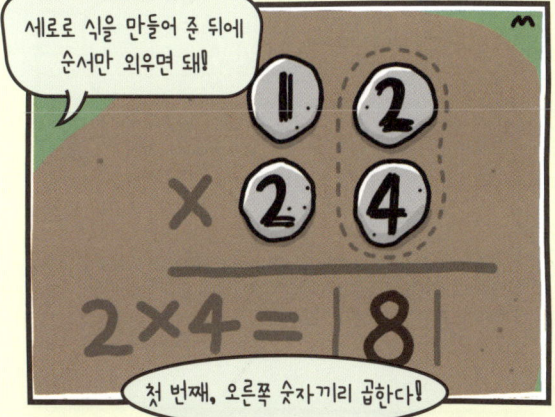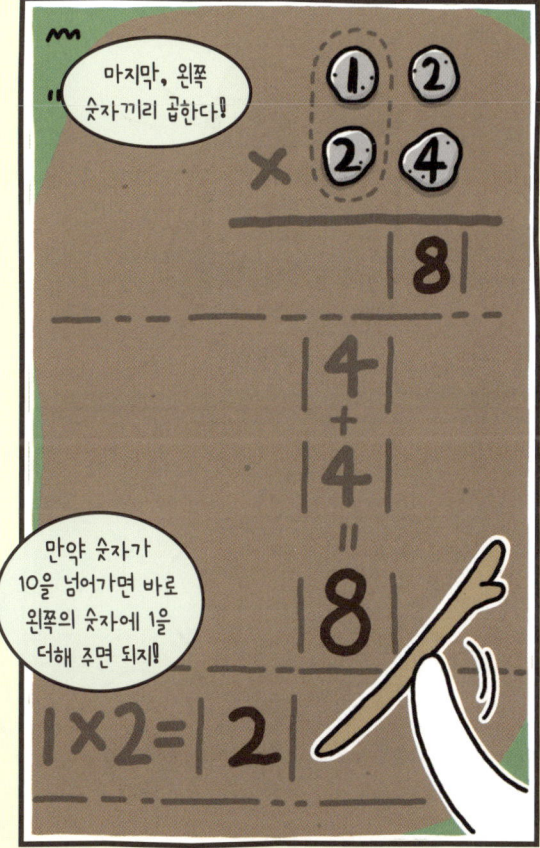

기호는 어디에서 왔을까?

어떤 기호가 가장 먼저 생겨났을까?

놀이를 통해 계산 실력을 키워 보자!

① 더하기

뱃사람에게 물은 아주 귀중했어요. 바다에 나가면 마실 물을 구하기 어렵기 때문이죠. 그래서 물을 쓸 때마다 줄어든 만큼 가로선(ㅡ)을 그어 표시하고, 물을 새로 부으면 원래 있던 가로선에 세로선(|)을 그려 넣었는데 여기서 빼기(-)와 더하기(+) 기호가 생겨났다고 해요. '~을 더하다'라는 뜻의 영어 단어 "and"를 라틴어로는 "et"라고 하는데, 이걸 빠르게 적으려다 보니 지금과 같은 더하기(+) 모양이 탄생했다는 설도 있답니다.

② 빼기

빼기 기호가 책에 처음으로 등장한 것은 1489년이에요. 독일의 수학자 비드만은 자신의 책에서 '모자란다'는 뜻의 라틴어인 'minus'의 약자 '-m'에서 앞에 있는 '-'만 따서 빼기 기호로 사용했죠.

③ 곱하기

곱하기 기호를 처음 사용한 사람은 영국의 수학자 윌리엄 오트레드로 알려져 있어요. 1631년, 그는 십자가(+) 모양을 곱셈 기호로 정하려고 했지만, 이미 덧셈 기호로 사용되고 있어 어쩔 수 없이 이를 눕힌 모양인 ×를 곱셈 기호로 정했다고 해요. 본래 곱셈 기호는 아주 작은 크기였는데, 알파벳 X와 헷갈리는 경우가 많아 크기가 커졌다고 합니다.

④ 나누기

나누기 기호는 1659년에 태어났어요. 스위스의 수학자 하인리히 란이 처음으로 사용했죠. 나누기 기호가 등장하기 이전에는 나눗셈을 모두 분수로 표시했는데, 바로 이 분수의 모양을 본떠 만들어졌다고 합니다. 가로선은 분수에서 분모와 분자를 가르는 선을, 위아래에 있는 점은 분모와 분자를 표현한 것이죠.

13세기에 태어난 나도 가만히 있는데.

그러게, 늦게 태어난 애들끼리 난리네.

내가 먼저 태어났어!

겨우 그 정도 가지고 유세는!

내 생일을 맞혀 봐!

수리수리 마수리~ 안녕, 내 이름은 마수리야! 지금부터 내가 너의 생일을 맞혀 볼게.

어때? 정확하게 맞혔지? 이번에는 나이도 한 번 맞혀 볼까~?

단계	설명	예시
1단계	먼저, 태어난 달에 4를 곱해 줘.	4월 6일 : 4 × 4 = 16
2단계	나온 답에 9를 더해 줘.	16 + 9 = 25
3단계	더한 수에 25를 곱해 줘.	25 × 25 = 625
4단계	그 수에 태어난 날을 더해 줘.	4월 6일 : 625 + 6 = 631
5단계	마지막으로 225를 빼 줘.	631 - 225 = 406

단계	설명	예시
1단계	생일을 네 자리 숫자로 적어 줘.	4월 6일 : 0406
2단계	그 수에 2를 곱해 줘.	406 × 2 = 812
3단계	곱해진 숫자에 5를 더해 줘.	812 + 5 = 817
4단계	다시 50을 곱하고 나이를 더해 줘.	817 × 50 + 11 = 40861
5단계	마지막으로 250을 빼 줘.	40861 - 250 = 40611

앞의 세 자리는 생일, 뒤의 두 자리는 나이 맞지? 신기하다면 가족이나 친구들에게 직접 선보여 봐! 아마 모두 깜짝 놀라서 기절할걸?

계산기를 사용하지 않고 직접 식을 세우거나 암산으로 푸는 연습을 해 보면 계산 실력까지 쑥쑥~ 키울 수 있다고!

Ⅱ 수학
02 단위가 헷갈려

이번 학급 회의 시간에는

한 사람마다 교실에서의 역할을 정하기로 했다.

오늘은 역할을 분담해 볼 거예요!

우리 반을 깨끗하고 질서 있게 유지하기 위해서는

우리가 매일, 다 함께 쓰는 공간인 만큼

모두의 노력이 필요하기 때문이다.

네~

스스로 가꾸고 정리하면 더욱 애착이 가겠죠?

아이들은 각자 손을 들고

그럼 교실에는 어떤 역할들이 필요할까요?

우리 반에 필요한 역할을 이야기했다.

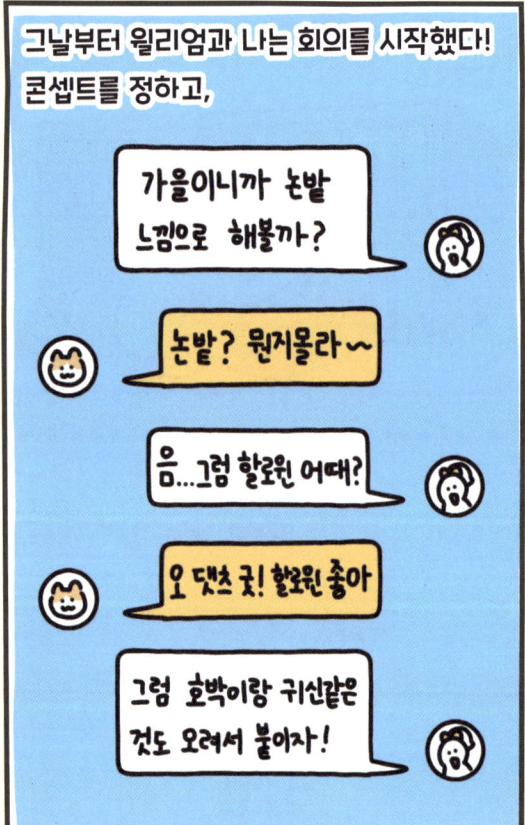

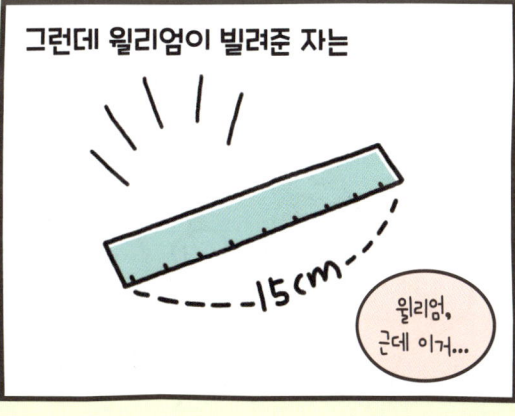
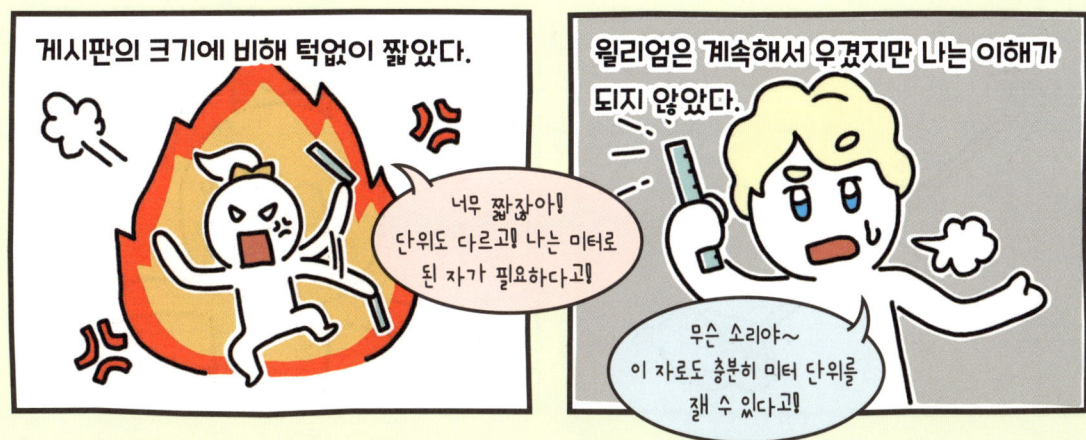

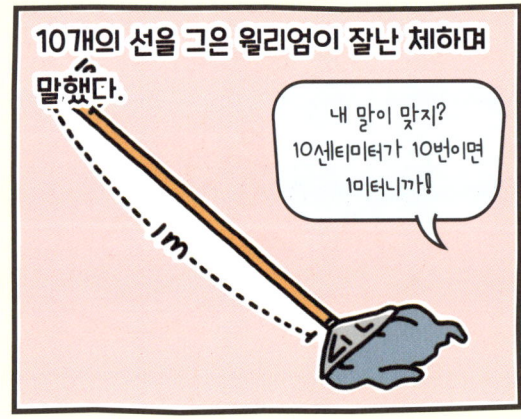

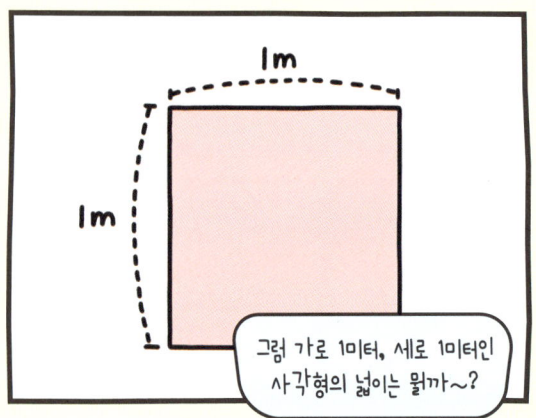

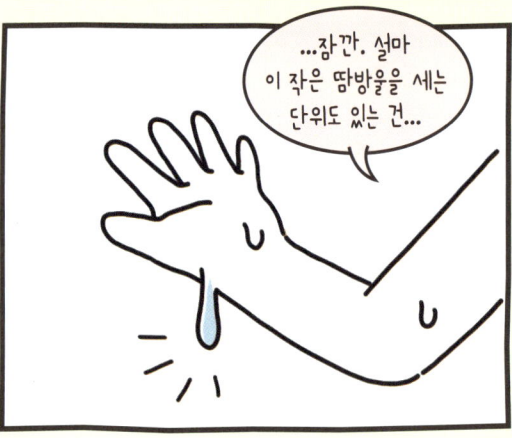

그때, 두 명의 학자가 번쩍 손을 들었어요. 천문학자였던 '드람브르'와 '메셍'이 직접 북극과 적도 사이의 거리를 계산해 보겠다고 나선 거예요.

두 사람은 프랑스의 됭케르크부터 로데를 지나, 스페인의 바르셀로나까지의 거리를 잰 뒤 그 길이를 이용해서 북극과 적도의 거리를 알아내기로 했어요.

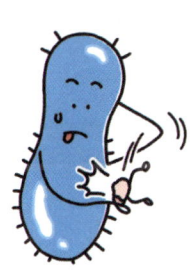

대혁명의 혼란 속에서 두 사람은 여정을 떠난 지 무려 칠 년이 지나서야 '정확한 1m'를 측정할 수 있었죠.

내 이름은 원기!

두 사람의 피나는 노력을 통해 만들어진 '정확한 1m' 덕에 언제, 어디서든 똑같은 단위를 사용할 수 있게 되었답니다.

'원기'는 기본 단위의 크기를 구체적으로 표현한 것으로, 최초의 미터원기는 합금으로 만들었지만 변형 우려가 있었죠.

물론, 지금은 기술의 발전으로 '빛의 속도'를 이용해서 '더 정확한 1m'를 사용하고 있지만요~

이젠 내가 더 정확하지롱~

히잉...

도형만 보면 머리가 아파

Ⅱ 수학 03

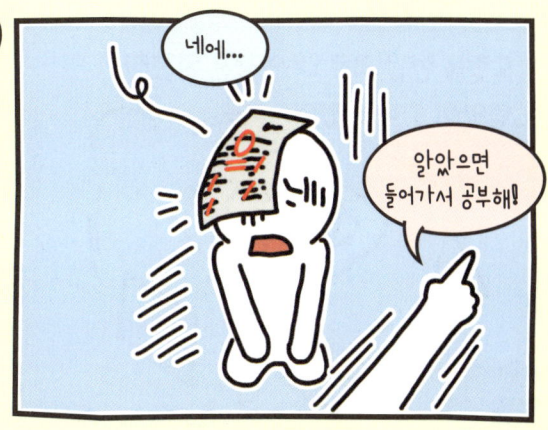

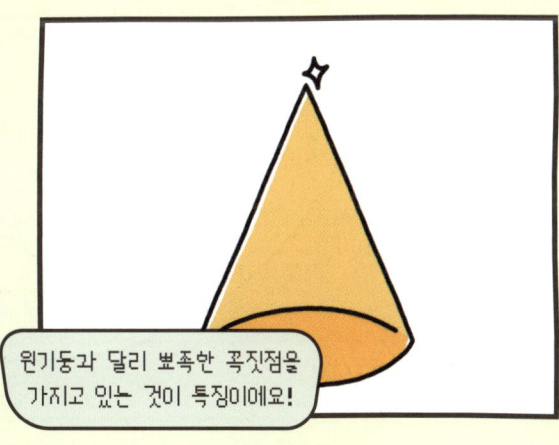

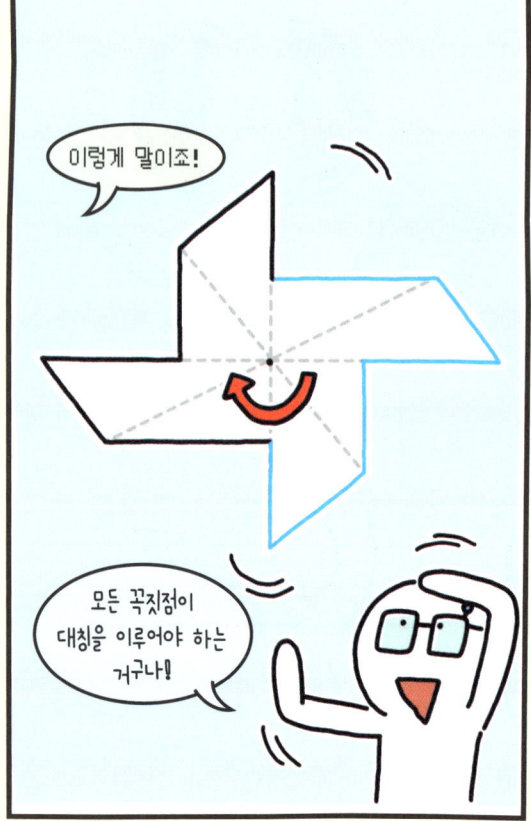

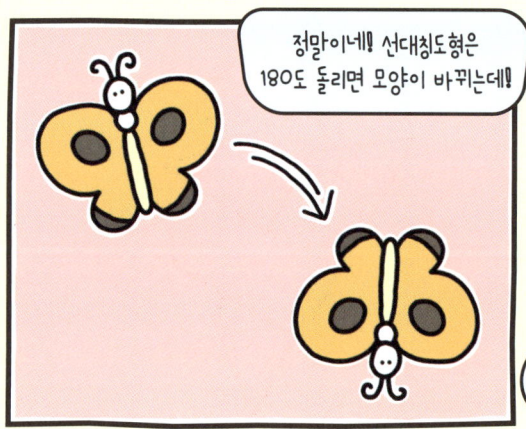

도전! 삼각형을 찾아라!

도형 알아보기

난 세모야! 삼각형이라고도 부르지~

난 동그라미~ 원이라고도 해!

난 네모야! 사각형이라고도 불러~

생긴 건 다르지만 우리는 모두 '삼각형'이야!

꼭짓점 세 개와, 변 세 개로 이루어져 있기 때문이지~

아래 그림에서 우리를 모두 찾아 줘!

숨은 삼각형 찾기

아래 그림 안에 삼각형은 모두 몇 개가 숨어 있을까요? 큰 삼각형부터 작은 삼각형까지 자유롭게 찾아보세요! 친구나 가족과 함께 각자 그림을 보며 삼각형의 개수를 유추해 보고, 가장 많이 맞힌 사람의 소원을 들어줘도 재미있을 거예요. 자, 그럼 지금부터 삼각형을 찾으러 가 볼까요? 출발~!

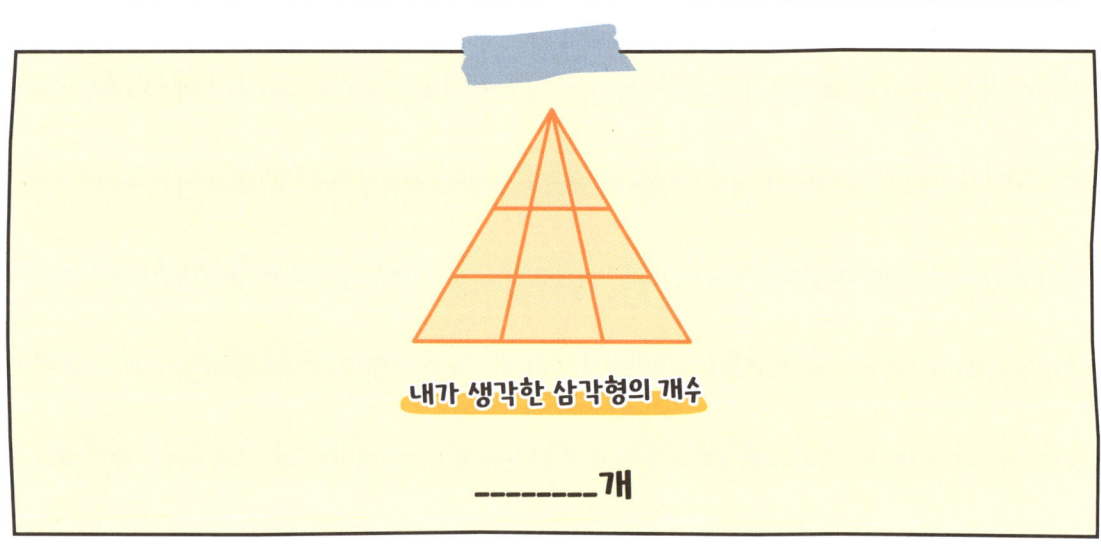

내가 생각한 삼각형의 개수

_____ 개

과연 정답은 몇 개일까요? 아래 그림을 보고 내가 빠트린 것이 있지는 않은지 찬찬히 살펴보세요.

삼각형을 모두 찾았나요? 그렇다면 아주 잘했어요! 하지만 삼각형을 다 찾지 못했더라도 괜찮아요. 하나하나 세어 보지 않고도 삼각형을 모두 찾을 수 있는 방법을 알려 줄 거니까요! 간단한 규칙만 이용하면 된답니다.

삼각형 안에 선이 하나 그어져 있을 때, 우리는 세 개의 삼각형을 발견할 수 있어요.

선이 하나 더 늘어나서 두 개가 그어져 있을 땐, 모두 여섯 개의 삼각형을 발견할 수 있죠!

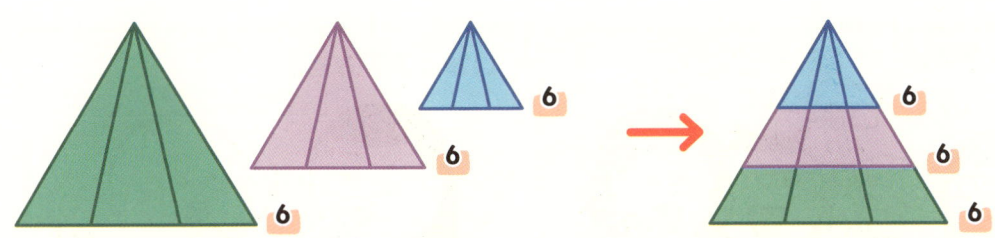

문제의 그림을 자세히 보면 두 줄이 그어진 삼각형 세 개가 겹친 모양이에요! 따라서 삼각형의 총 개수는 6X3 =18개임을 알 수 있답니다. 참 쉽죠?

Ⅲ 사회
01 역사는 지루하고 재미없어

오늘은 새벽같이 눈이 떠졌다. 왜냐하면...

기다리고 기다리던 소풍날이기 때문이다!

아침 일찍 준비를 마친 나는

신이 나서 학교로 향했다.

커다란 관광버스에 올라 사진도 찍고,

신나게 노래도 부르고,

팔도의 달인

팔도의 이름에도 규칙이 있었다니!

왜 우리나라를 팔도강산이라고 부를까?

왜 우리나라를 팔도강산이라고 부를까요? 팔도강산은 팔도와 강산을 합쳐 부르는 말로 우리나라 국토의 아름다운 모습을 표현한 말이에요. 조선시대에는 제주도를 뺀 나머지 지역을 여덟 개의 '도'로 구분 지어 불렀죠. 지금은 제주특별자치도까지 합쳐서 아홉 개의 도가 되었지만요. 그렇다면 나머지 여덟 개의 도 이름을 쉽게 외울 수 있는 방법을 지금부터 알아보고, 팔도의 달인이 되어 볼까요?

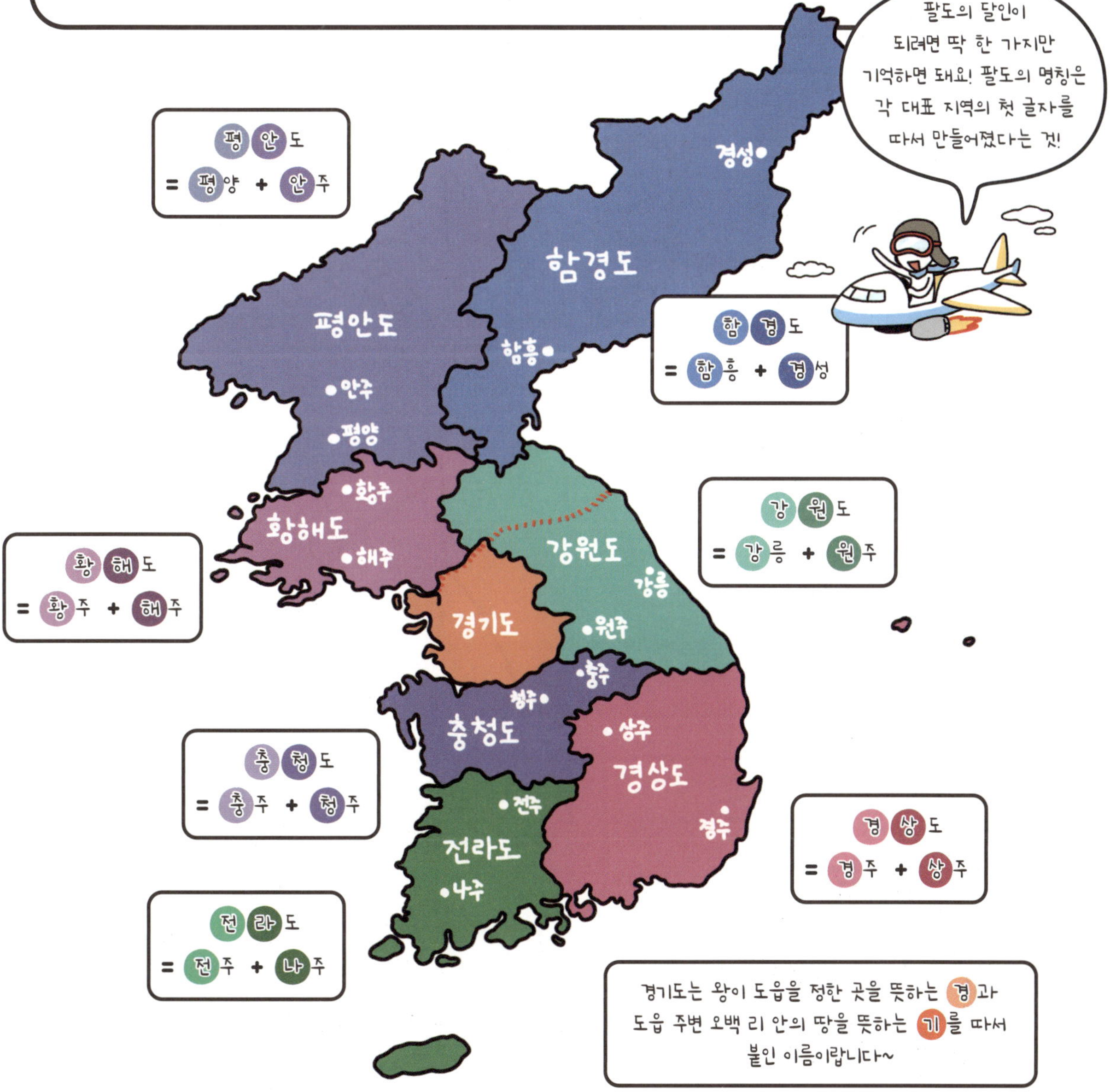

팔도의 달인이 되려면 딱 한 가지만 기억하면 돼요! 팔도의 명칭은 각 대표 지역의 첫 글자를 따서 만들어졌다는 것!

- 평안도 = 평양 + 안주
- 함경도 = 함흥 + 경성
- 황해도 = 황주 + 해주
- 강원도 = 강릉 + 원주
- 충청도 = 충주 + 청주
- 전라도 = 전주 + 나주
- 경상도 = 경주 + 상주

경기도는 왕이 도읍을 정한 곳을 뜻하는 **경**과 도읍 주변 오백 리 안의 땅을 뜻하는 **기**를 따서 붙인 이름이랍니다~

Ⅲ 사회 02
지도가 머릿속에 안 그려져

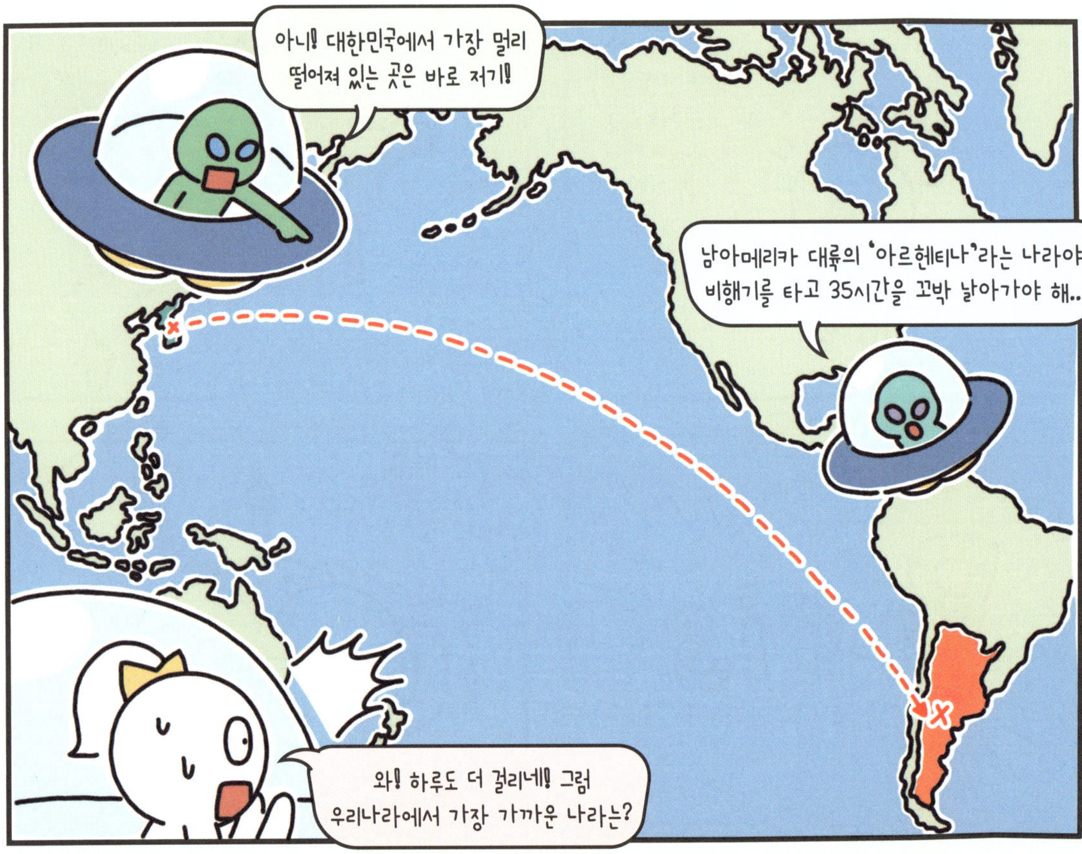

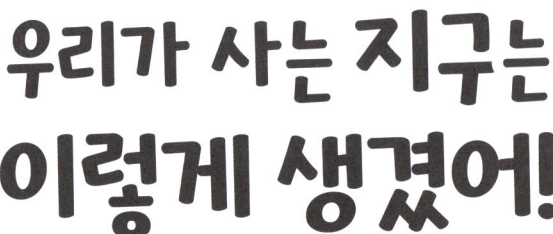

여섯 개의 땅과 다섯 개의 바다

지구 전체 넓이의 약 70퍼센트는 바다, 약 30퍼센트는 땅으로 이루어져 있어요. 하나로 연결되어 있는 바다를 크게 다섯 개로 나누어 태평양, 대서양, 인도양, 남극해, 북극해라고 불러요. 육지 역시 크게 여섯 개로 나누어 아시아 대륙, 유럽 대륙, 아프리카 대륙, 남아메리카 대륙, 북아메리카 대륙, 오세아니아 대륙이라고 이름 붙였어요. 다섯 개의 바다와 여섯 개의 대륙이 각각 어디에 있고 어떤 특징을 가지고 있는지 알아볼까요?

 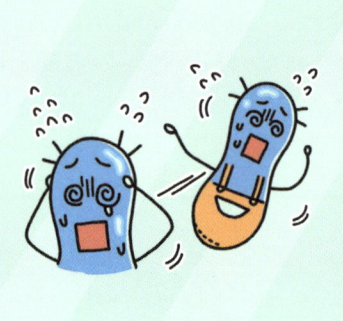

Ⅲ 사회 03 배우는 양이 너무 많아

여기는 대한이의 기억 저장소!

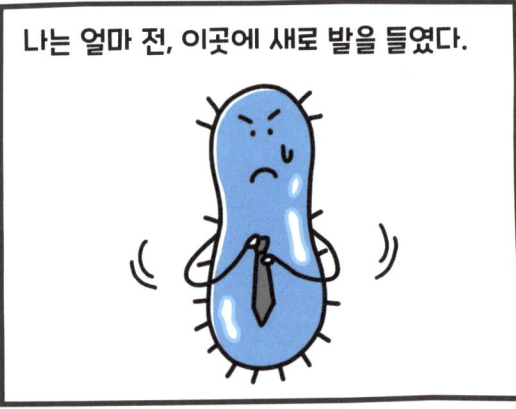
나는 얼마 전, 이곳에 새로 발을 들였다.

오래전부터 꿈꿔 왔던 일이기에
내가 드디어 바라던 곳에 왔어...!

열심히 일해서 나도 저 세포처럼 위대해지고 말 테다!

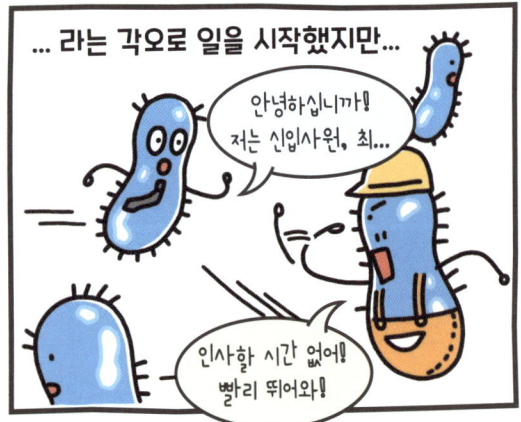
... 라는 각오로 일을 시작했지만...
안녕하십니까! 저는 신입사원, 최...
인사할 시간 없어! 빨리 뛰어와!

웬 양복? 이걸로 당장 갈아입어!

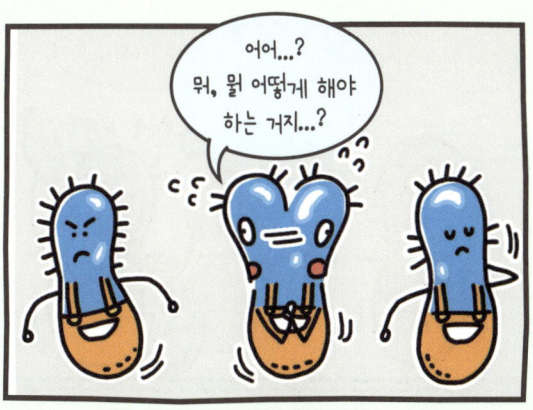

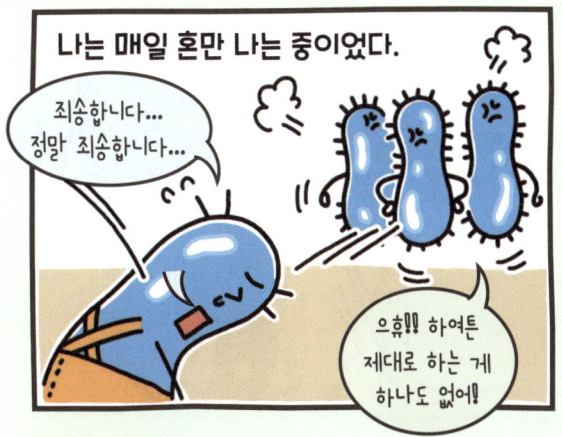

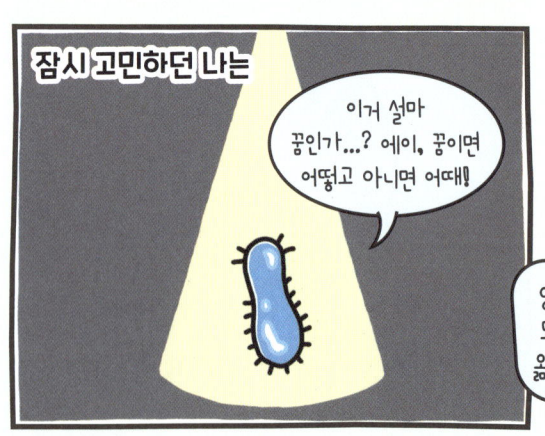

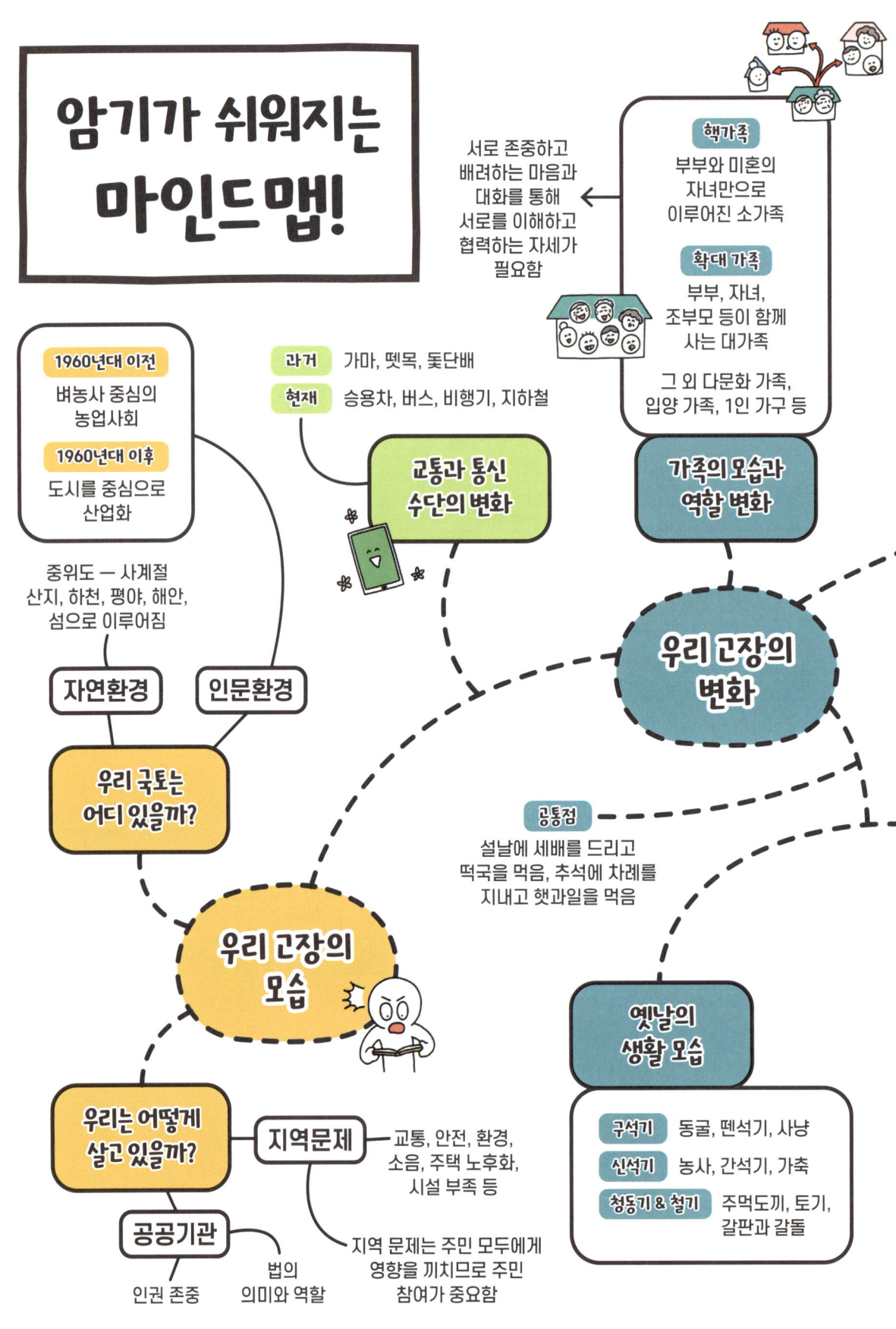

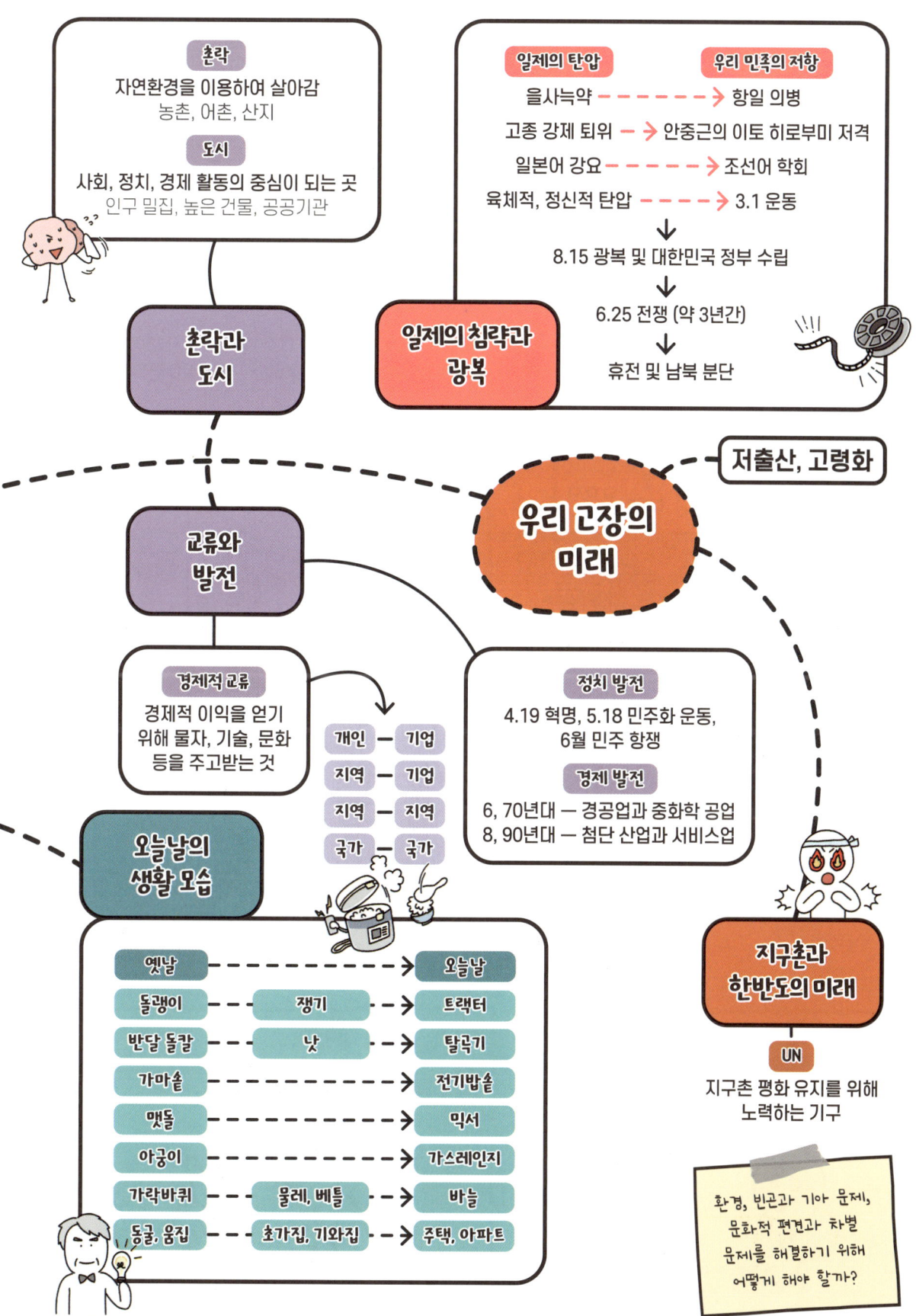

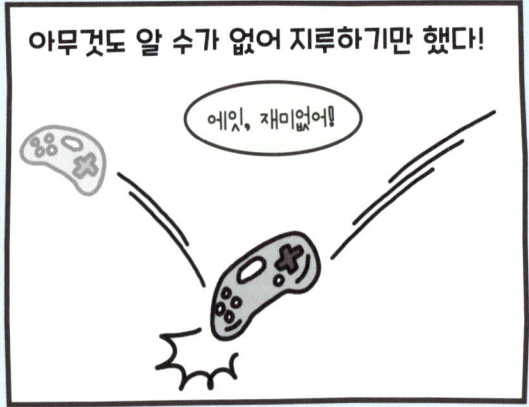

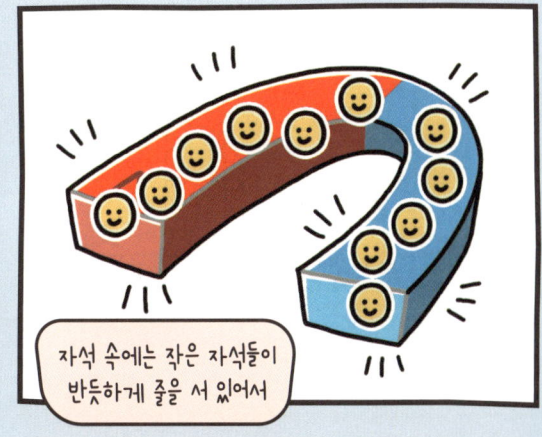

놀이를 통해 배워 보자!

어렵고 복잡하기만 한 과학 용어! 신나게 놀면서 배울 수 있다면 얼마나 좋을까요? 아래 소개된 놀이 방법을 친구들이나 부모님과 함께 즐기면서 새롭고 재미있는 과학 용어들을 배워 보아요! 주제나 단어, 놀이 방식 등을 바꿔가며 다양한 방법으로 응용해 보면 더욱 좋겠죠?

놀이 1
스페이스 빙고

준비물 태양계 카드, 이름 카드

놀이 방법
① 수성, 금성, 지구, 화성, 목성, 토성, 천왕성, 해왕성 그리고 태양 또는 행성까지 모두 9장의 카드를 준비합니다.
② 제한 시간을 두고 태양 또는 행성 카드를 3X3 형태로 자유롭게 배치합니다.
③ 진행자 또는 상대방이 태양 또는 행성의 이름을 말하면 이름 카드를 해당 태양계 카드 위에 얹습니다.
④ 이름 카드가 가로, 세로, 대각선 방향으로 빙고가 되면 승리합니다.
⑤ 이때, 이름 카드를 잘못 얹은 것이 발견되면 벌칙을 받습니다.

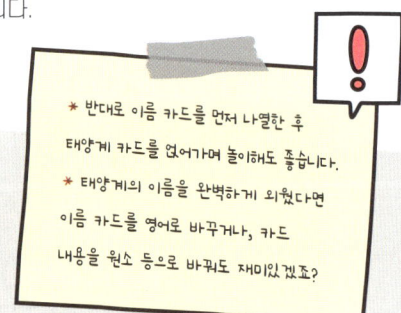

* 반대로 이름 카드를 먼저 나열한 후 태양계 카드를 얹어가며 놀이해도 좋습니다.
* 태양계의 이름을 완벽하게 외웠다면 이름 카드를 영어로 바꾸거나, 카드 내용을 원소 등으로 바꿔도 재미있겠죠?

가로세로 낱말 퀴즈 정답

가로 1 지시약 4 소화기관 7 아날로그 10 자전 11 반사
      12 하현달 14 친환경 16 뿌리 19 생태계 20 식물

세로 2 시험관 3 탄소중립 5 기화 6 회로 8 날씨 9 그림자 11 반달
      13 현미경 15 환기 16 부피 17 탈바꿈 18 태양계 19 생물

놀이 2
가로세로 낱말 퀴즈

먼저 스스로 풀어 본 뒤에 146쪽 하단에서 정답을 확인해 볼까?

가로 열쇠

1. 어떤 용액을 만났을 때 그 용액의 성질에 따라 눈에 띄는 변화가 나타나는 물질.
4. 음식물을 소화하고 흡수하는 기관으로 입안, 식도, 위, 창자 등이 있다.
7. 수치 값으로 정보를 나타내는 '디지털'의 반대말.
10. 지구를 비롯한 행성이 고정된 축을 중심으로 회전하는 현상.
11. 나아가던 빛이 다른 물체의 표면에 부딪혀서 나아가던 방향을 반대로 바꾸는 현상.
12. 보름달에서 점점 작아지는 달.
14. 자연환경을 오염시키지 않고 환경과 잘 어울리는 일.
16. 새의 주둥이. 주로 길고 뾰족하며 딱딱하다.
19. 어떤 장소에서 서로 영향을 주고받는 생물 요소와 비생물 요소.
20. 뿌리, 줄기, 잎으로 이루어진 생물.

세로 열쇠

2. 어떤 물질의 성질이나 반응 따위를 시험하는 데 쓰는 유리관.
3. 탄소 배출량을 '0'으로 만드는 일.
5. 액체가 기체로 변하는 현상.
6. 전류가 흐르는 통로.
8. 그날그날의 비, 구름, 바람 등이 나타나는 기상 상태
9. 물체가 빛을 가려서 그 물체의 뒷면에 드리워지는 검은 그늘.
11. 반원형의 달.
13. 눈으로는 볼 수 없을 만큼 작은 물체나 물질을 확대해서 보는 기구.
15. 탁한 공기를 맑은 공기로 바꿈.
16. 물건이 공간에서 차지하는 크기.
17. 유생에서 성체로 변하는 과정.
18. 태양을 중심으로 공전하는 천체들의 집합.
19. 생명을 가지고 스스로 생활 현상을 유지하여 나가는 물체.

IV 과학 02 원리를 이해 못 하겠어

에어컨은 반드시 위쪽에 달려 있어야 한다며 "이 자리에는 에어컨이 있어야 해." "네에?! 왜요?!"	위치를 다시 바꾸라고 하셨다! "포스터는 다른 곳에 붙이든지, 아니면 구상을 새로 하든지 해!"
나는 왜냐고 따져 물었지만 "처음에는 그런 말씀 없으셨잖아요! 왜 에어컨을 꼭 거기에 달아야 하는데요?"	아빠는 그냥 그런 거라며 말씀을 얼버무리셨다. "그게 그러니까... 원래 다 정해진 위치가 있는 거야!"
속상해진 나는 떼를 쓰기 시작했고, "저대로 해 주세요! 하고 싶어요! 해 달란 말이에요!!!" "얘가 왜 이래? 안 된다니까?!"	결국 집을 벌컥! 뛰쳐나오고 말았다. "엄마, 아빠 미워!!!" "최선, 너 거기 안 서?"
그렇게 혼자 터덜터덜 걷고 있는데 "치... 마음껏 정해 오라고 하셔 놓고..."	문방구 할머니께서 인사를 건네 오셨다. "선이구나~ 이제 집에 가니?" "엇, 할머니...!"

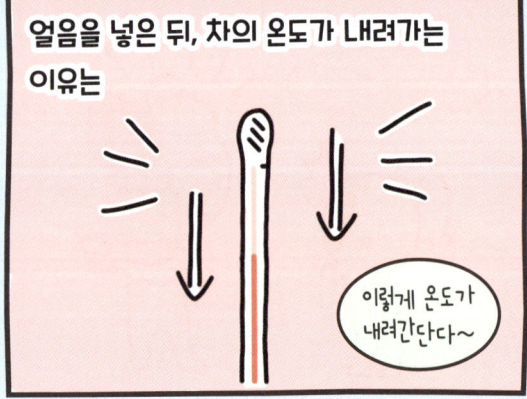

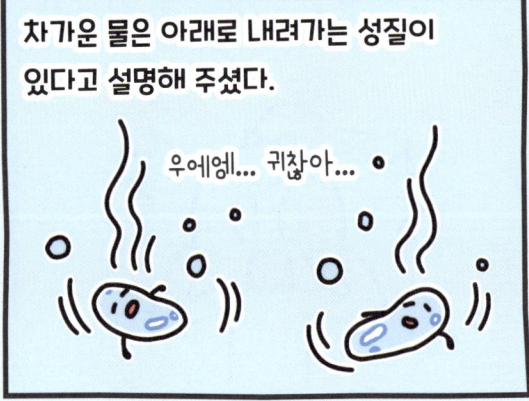

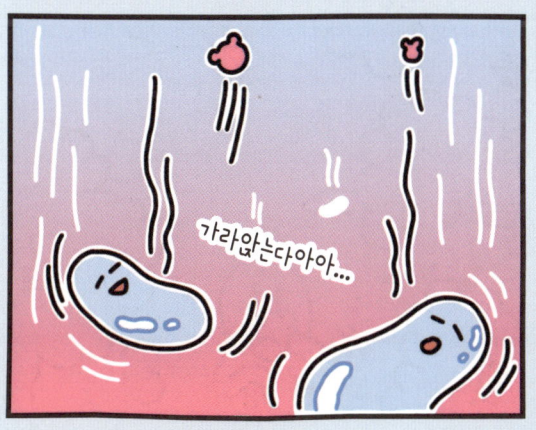

Q1 졸릴 때 하품을 하거나 눈을 비비는 이유는 무엇일까요?

잠이 쏟아질 때 자신도 모르게 입을 쩍 벌리고 하품을 하거나, 눈을 비비곤 합니다. 왜 이런 행동을 하게 되는 걸까요?

우리의 뇌는 24시간 작동하는 CCTV와 같아요. 우리가 보고, 듣고, 경험하는 모든 것들을 전부 녹화해 두죠. 하지만 1분 1초도 빼놓지 않고 저장하려면 너무 많은 에너지와 공간이 필요하기 때문에 중요한 부분만 편집해야 하죠. 이를 위해 '잠시 녹화를 중단하는 시간'을 우리는 '수면 시간'이라고 불러요. 수면 시간이 다가올 때쯤에는 하루 종일 힘들었던 뇌에 산소가 아주 조금밖에 남아 있지 않게 되는데, 그래서 신선한 산소를 공급하기 위해 하품을 하게 되는 거죠.

졸리기 시작하면 우리 몸속의 혈액은 빠르게 피부 표면으로 이동하기 시작해요. 자는 동안에는 남아 있는 에너지를 사용하지 않도록 체온을 떨어트리기 위해서죠. 이때, 혈액이 눈 주위 피부에 모이게 되면 눈물샘 조직의 활동이 느려지면서 눈물 생산량이 줄어들게 돼요. 그래서 눈을 자주 깜빡이며 비비고 싶어지는 거랍니다.

Q2 여름에 수박을 차갑게 해서 먹어야 더 맛있는 이유는?

왜 수박을 사서 바로 먹는 것보다 냉장고에 넣어 두었다가 꺼내 먹는 것이 훨씬 더 달고 맛있을까요? 그 이유를 알기 위해서는 달콤한 탕후루의 재료인 '설탕'에 대해 먼저 알아야 해요.

동남아시아의 사탕수수에서 만들어져서 인도와 아랍에 전해진 설탕은 이제 우리 식탁에서 빠질 수 없는 재료가 되었는데요. 설탕을 자세히 살펴보면 달지 않은 포도당과 달달한 과당으로 이루어져 있어요. 과당은 온도가 낮아질수록 단맛을 띠는 성질을 지니고 있기 때문에 냉장고에 보관하게 되면 훨씬 더 달고 맛있어지는 거랍니다.

그렇다면 차가우면 차가울수록 더 달콤해질까요? 안타깝게도 그렇지는 않습니다. 사람의 혀에는 '미뢰'라고 하는 미각 세포들이 존재하는데, 아주 뜨겁거나 아주 차가운 음식을 접하면 마비가 되기 때문이에요. 따라서 가장 맛있는 과일을 먹고 싶다면 냉장고에 넣어두었다가 꺼낸 뒤 5분 후에 먹어 보세요. 적당히 달큰한 맛에 기분까지 좋아질 거예요.

Q3 추우면 왜 몸이 덜덜 떨릴까요?

사람의 정상 체온은 36.5도예요. 우리의 몸은 이 체온을 유지하기 위해 아주 큰 노력을 하고 있죠. 더울 때는 땀을 흘리고, 매운 음식을 먹으면 눈물이 나는 것처럼요. 그렇다면 몸이 덜덜 떨리는 이유는 무엇일까요?

체온이 정상보다 낮아지면 우리 몸은 두 가지 행동을 해요. 일부러 열을 발생시키거나, 빠져나가는 열을 최대한 지키려고 하죠. 이때, 뇌에서는 여러 호르몬을 분비해 근육을 수축시키는데 골격근을 강하게 수축하여 전율을 일으키게 되면 평상시보다 4배나 많은 열을 생산해 낼 수 있게 되죠. 따라서 추울 때 입술이나 턱, 온몸이 덜덜 떨리는 현상은 체온을 높이고 추위를 이겨내기 위한 방법인 셈입니다.

Q4 왜 스스로는 간지럼을 태울 수 없는 걸까요?

간질간질~ 스치기만 해도 웃음이 빵! 하고 터져 버리는 간지럼! 그런데 내 손으로는 옆구리나 발바닥을 아무리 찌르고 간질여봐도 웃음이 나오지 않는 이유는 무엇일까요?

바로 예측이 가능하기 때문이에요. 피부 아래에 있는 신경은 자극을 받게 되면 간지러움을 느끼게 되는데 목, 겨드랑이, 발바닥 등이 간지럼을 잘 타는 이유 역시 신경이 많이 모여 있는 부위이기 때문이에요. 하지만 우리의 뇌는 아주 똑똑해서 외부에서 가해지는 자극과 스스로 가하는 자극을 구분할 수 있어요. 다른 사람이 신경을 자극할 경우에는 '공격'으로 받아들여서 웃음을 터트리고, 몸을 배배 꼬며 '방어'하게 되지만 스스로 간지럼을 태울 경우 위험성이 전혀 없기 때문에 방어하지 않고 무시해 버리는 것이죠. 똑같은 세기라도 다른 사람이 때리면 아프고, 스스로 때리면 훨씬 덜 아프게 느껴지는 것 또한 같은 원리랍니다.

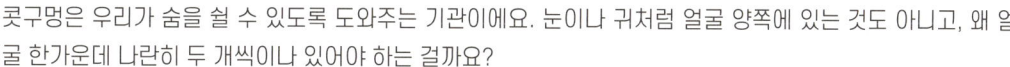

Q5 콧구멍은 왜 두 개일까요?

콧구멍은 우리가 숨을 쉴 수 있도록 도와주는 기관이에요. 눈이나 귀처럼 얼굴 양쪽에 있는 것도 아니고, 왜 얼굴 한가운데 나란히 두 개씩이나 있어야 하는 걸까요?

바로 콧구멍이 6~8시간 간격으로 번갈아 가며 활동을 하기 때문이에요. 한쪽 콧구멍이 일을 하는 동안 다른 쪽 콧구멍은 휴식을 취하고 있죠. 항상 냄새를 맡으며 정보를 뇌로 전달해야 하기 때문에 금방 피로해지거든요. 사실인지 궁금하다고요? 한쪽 콧구멍을 막고 바람을 불어 보세요. 콧바람이 더 강한 쪽과 약한 쪽이 있을 거예요. 그리고 반나절 정도 지난 후 다시 해 보면 바람의 세기가 뒤바뀌어 있는 걸 알 수 있답니다.

✔ 영어 01 도무지 단어를 못 외우겠어

코코와 산책을 하고 있는데

어디선가 이상한 소리가 들려왔다.

풀숲을 헤치고 들어가 보니...

어라라...

라이거가 혼잣말을 중얼거리고 있었다.

하진이 불러서 퇴마라도 해야 되나...

모르는 척 지나가려는데 그만 눈이 딱 마주치고 말았다.

이런...

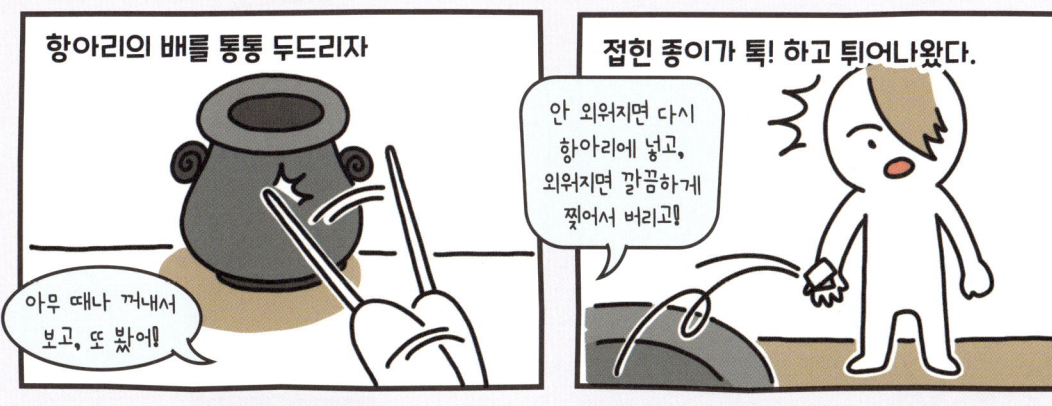

우와... 정말 그렇네?
영어 단어를 외우는 건 '티끌 모아 태산' 같은 일이구나!
하지만 나에게 남은 건 겨우 일주일...
조금 더 빨리 외울 수 있는 방법은 없을까?
흠...
네가 좋아하는 걸 활용해 보면 어때?
내... 내가 좋아하는 거?
외우고 싶은 단어들을 활용해서 노래를 만드는 거지!
그럼 훨씬 재미있고, 빠르게 외울 수 있을 거야!
그게 정말 도움이 될까? 공부가 안 될 것 같은데... 책이라도 봐야...

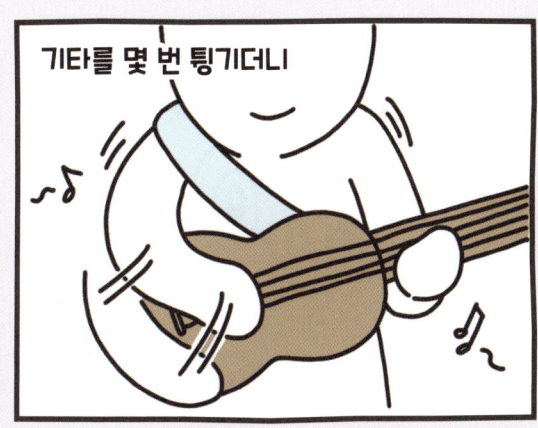

같은 '어원'을 가진 단어들!

외워도, 외워도 계속 잊어버리기만 하는 영단어! 쉽고, 오래 기억하기 위해서는 '어원'만 알고 있으면 돼요. 대부분의 영단어들은 이파리나 나무 열매처럼 하나의 뿌리를 공유하고 있거든요. 그럼 지금부터 어떤 단어들이 있는지 함께 살펴볼까요?

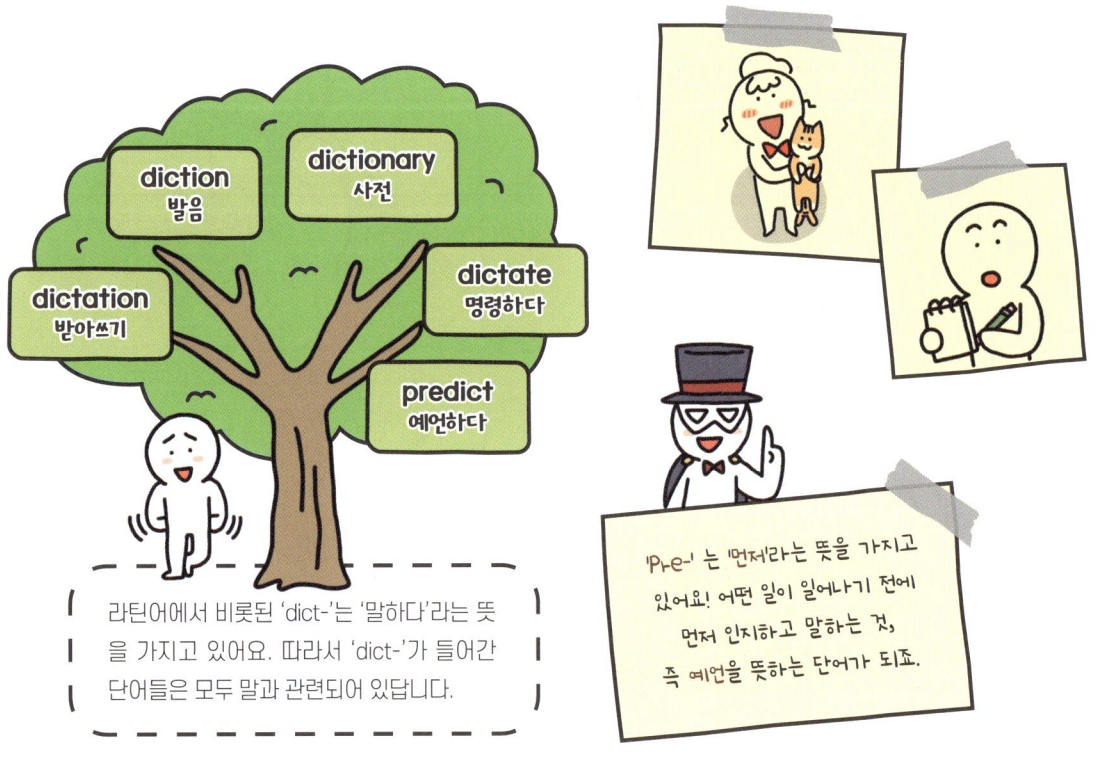

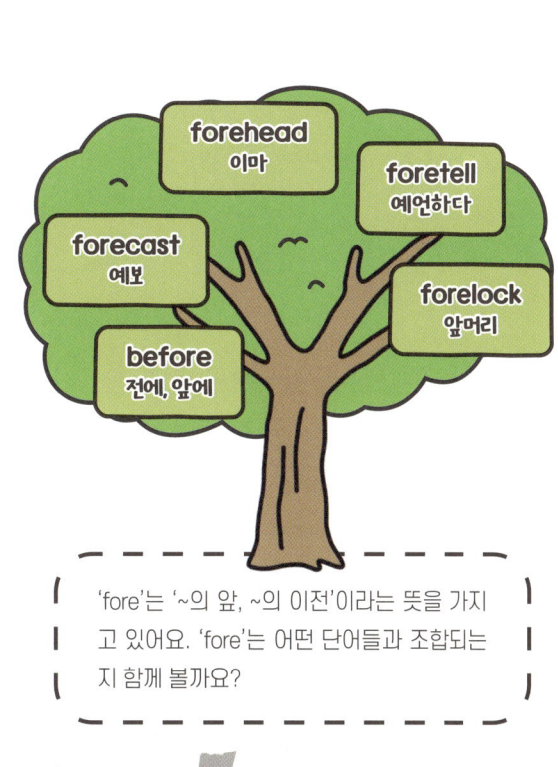

앞에 'in-'이 오면 부정의 뜻이 돼요. 공정하지 못하다는 의미니까 부당하다는 뜻이 되겠죠?

- iniquity 부당함
- equity 공평
- equivalent 동등한
- equate 동일시하다
- equal 동일한

'fore'는 '~의 앞, ~의 이전'이라는 뜻을 가지고 있어요. 'fore'는 어떤 단어들과 조합되는지 함께 볼까요?

- forehead 이마
- foretell 예언하다
- forecast 예보
- forelock 앞머리
- before 전에, 앞에

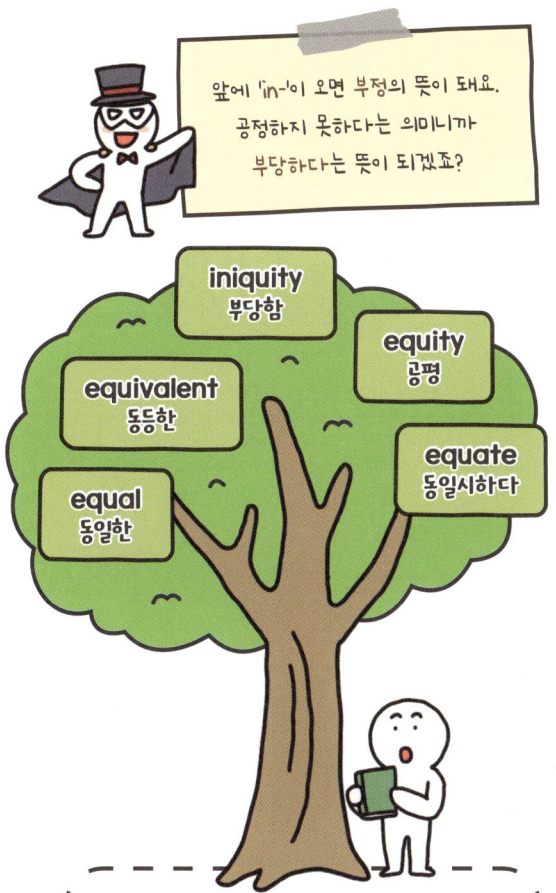

'equ-' 또는 '-iqu'는 같은, 평등한, 동등한 등의 뜻을 가지고 있어요. 같은 뿌리를 공유하고 있는 단어들에는 어떤 것이 있을까요?

'in-'이 오면 부정의 뜻이 된다는 것을 배웠어요! 그렇다면 'inhale'은 무슨 뜻일까요? 맞아요, 숨을 들이쉰다는 의미예요.

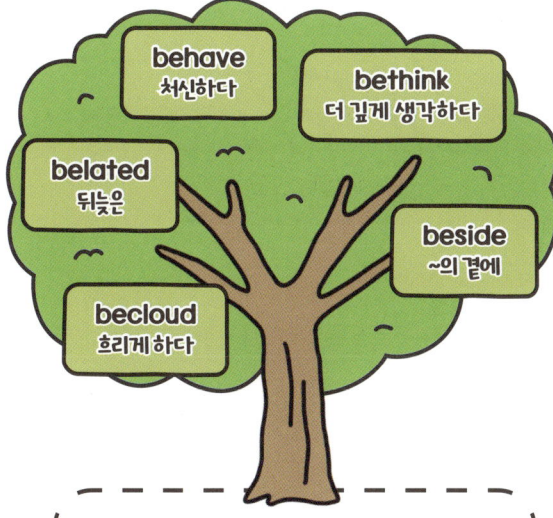

- behave 처신하다
- bethink 더 깊게 생각하다
- belated 뒤늦은
- beside ~의 곁에
- becloud 흐리게 하다

- exhale 숨을 내쉬다
- extract 추출하다
- exceed 초과하다
- exclude 배제하다
- exit 출구

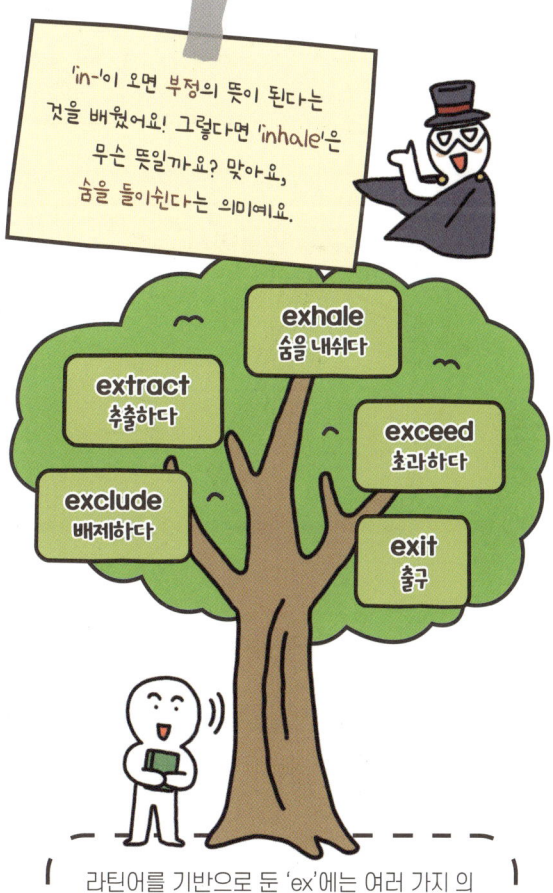

'before' 앞에 있던 'be' 역시 많은 단어들의 뿌리예요. 주로 뒤에 오는 단어를 강조해 주죠.

라틴어를 기반으로 둔 'ex'에는 여러 가지 의미가 있지만 '밖으로'라는 의미를 가진 경우가 많아요.

멍멍이 헬리콥터 완성!

나는 발명품을 들고 행사장으로 향했다.

곳곳에 신비한 발명품들이 가득 놓여 있었다.

무엇이든 단단하게 만드는 '강해져라, 본드!'부터

한 번 본 것은 절대 잊어버리지 않게 해 주는 '술술구슬' 그리고...

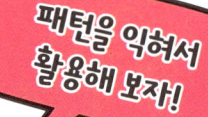

회화가 쉬워지는 패턴 20

영어 회화 속 패턴을 공부해 볼까?

패턴을 익혀서 활용해 보자!

기본 패턴에 포인트를 더하라!

옷을 잘 입는 사람을 흔히 패셔니스타라고 부르는데요. 패셔니스타들의 가장 큰 특징은 무엇일까요? 바로 기본적인 아이템을 활용하고, 거기에 포인트를 더한다는 점입니다. 영어 회화도 마찬가지예요! 자주 사용하는 기본 패턴들만 알고 있으면 수백, 수천 가지로 활용해 멋진 문장들을 만들 수 있죠. 회화가 쉬워지는 패턴 20가지, 함께 알아볼까요?

❶ I like ~ing 나는 ~하는 것을 좋아해.
I like cooking. 나는 요리하는 것을 좋아해.

❷ I might ~ 나 ~일지도 몰라.
I might cry. 나 울지도 몰라.
I might be a little late. 나 조금 늦을지도 몰라.

❸ I'd like to, but ~ 나도 그러고 싶지만
I'd like to, but I can't. 나도 그러고 싶지만 그럴 수가 없어.
I'd like to buy, but I don't have the money.
나도 사고 싶지만 돈이 없어.

❹ I tried to ~ 나는 ~하려고 했어.
I tried to tell you. 나는 너한테 말하려고 했어.
I tired to wake up early, but I couldn't.
일찍 일어나려고 했지만, 그럴 수 없었어.

❺ I think I like ~ 나는 ~을 좋아하는 것 같아.
I think I like you. 나는 너를 좋아하는 것 같아.

❻ That's how ~ 그래서 ~하게 된 거야.
That's how I met her. 그래서 그녀를 만나게 된 거야.

7 I'm sorry to ~ ~해서 미안해. I'm sorry to say this. 이렇게 말해서 미안해.

8 Would you please ~? 좀 해 줄래? Would you please call a taxi? 택시 좀 불러 줄래?

9 I had no choice but to~ ~할 수밖에 없었어. I had no choice but to come back. 돌아올 수밖에 없었어.

10 Are you interested in ~? ~에 관심 있어? Are you interested in Korean culture? 한국 문화에 관심 있어?

11 You can ~ ~해도 돼, ~할 수 있어. You can take it. 이거 가져가도 돼. You can stay longer. 더 오래 있어도 돼.

12 I don't think ~ ~라고 생각하지 않아. I don't think I can. 내가 할 수 있을 거라고 생각하지 않아.

13 Why are you ~? 왜 ~했어? Why are you calling? 왜 전화했어? Why are you so late? 왜 이렇게 늦었어?

14 I'd better~ 나는 ~하는 게 좋겠어. I'd better hurry up. 나는 서두르는 게 좋겠어.

15 How much ~? 얼마나 되나요? How much is it? 얼마인가요? How much do you need? 얼마나 필요한가요?

16 I prefer ~ 나는 ~을 선호해. I prefer winter to summer. 나는 여름보다 겨울을 선호해.

17 I should ~ ~해야겠어. I should go now. 나 지금 가야겠어. I should save money. 돈을 절약해야겠어.

18 You don't have to ~ ~할 필요 없어. You don't have to worry. 걱정할 필요 없어.

19 Is it okay if ~? ~해도 괜찮을까요? Is it okay if I sit here? 여기 앉아도 괜찮을까요?

20 How was ~? ~는 어땠어요? How was your day today? 오늘 어땠어요?

영어 03
이건 어떻게 읽어야 하는 거야?

오늘은 오랜만에 가족 여행을 떠나는 날!

차를 타고 여행지로 떠나는데

아빠가 이런 말씀을 하셨다.

스위트룸에서 푹 쉬다가 오자고~

호텔 안내문을 보니 정말 '스위트룸'이라고 적혀 있었다!

진짜 스위트룸이네?!

나와 선이의 머릿속에서 달콤한 상상이 쉴 새 없이 쏟아졌다!

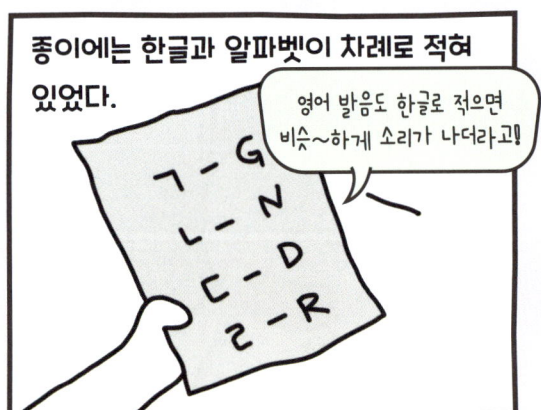

공부 천재가 되다! 2

1판 1쇄 2024년 9월 1일

저　자 Team. StoryG
펴낸곳 OLD STAIRS
출판 등록 2008년 1월 10일 제313-2010-284호
이 메 일 oldstairs@daum.net

가격은 뒷면 표지 참조

ISBN 979-11-7079-029-7

이 책의 전부 또는 일부를 재사용하려면 반드시 OLD STAIRS의 동의를 받아야 합니다.
잘못 만들어진 책은 구매하신 서점에서 교환하여 드립니다.

공통안전기준 표시사항

- **품명** : 도서
- **재질** : 지류
- **제조자명** : Oldstairs
- **제조국명** : 대한민국
- **제조연월** : 2024년 9월
- **주소** : 서울특별시 마포구 양화로12길 24, 4층
- **KC인증유형** : 공급자적합성확인

KC마크는 이 제품이 공통안전기준에 적합하였음을 의미합니다.
책 모서리에 찍히거나 책장에 베이지 않게 조심하세요.